*目次

III

西川啓子歌集

ガラス越しの海

軋める椅子

ミズアオイの葉陰に影は動きおり火鉢の中に稚魚は育ちて

半世紀を庭に眠りし火鉢なり甘手青色八角海鼠

水深き川を揺れいる藻のごといつよりか子に触るることなし

苦しきことから逃げるなと言えば子は上弦の月の目を返しぬ

リクルートスーツ着なれてずぶずぶとうつつに入りゆくを見ており

空へ続くタペストリーのように咲く寺のなだりに青き紫陽花

ずいき祭り　二首

稚児行列に傘さしてずるずると時給千円の学生は歩む

電線をひょいと上げるもバイトなりその下をゆく神輿の矛先

むらさきの花に会うたび見上げつつ海住山寺までを上りぬ

届かざる思いもありぬ桐の花は空に向かいてむらさきに咲けり

黒光りしている樫の長机　辞書めくる音を吸い込みてゆく

ふんふんと聞いてくれればそれでいい入試までの次男のお願い

ぽくぽくと豆を煮ており階下より香り上りて母元気なり

ムーミンのミイに似ている　祖母のことひっそりという長男次男

また一つ嘘ついて子は離れゆくリュックのように哀しみ背負って

色のない季節を終わりにしましょうか恵方巻の具くるりと巻いて

思春期も受験期も過ぎてリビングに軋める椅子の二つ残れり

歯磨きをしながらあほかとつぶやいた鏡の夫よだれに言ったの

つぶやきしあまたの言葉吸い込みて鏡は深く人を映せり

ぬかるみて工場の跡地静かなりソーラータウンの看板上がる

作業場へ下れる道を白くして馬酔木の花の降っているなり

閉じてゆく空

キング夫人亡くなりしこと伝えられ黒人議員ズームされおり

劇を見る観客のごとし一般教書演説の拍手長々し

自死をせし歌手に惹かれる危うさを持ちて下の子家を離れる

水槽を滑らせるごとく嵐電に白く浮きたる桜の夜をゆく

点描で育ちゆく葉よ春楡のあわいに閉じてゆく空が見ゆ

もう誰にも見られぬ金魚　川の辺の〈蛍育てる池〉に放せり

暮れ残る空を映せる水張田にテールランプはひかり曳きゆく

豆乳にネギ、鶏ほわほわ煮えてゆき夜業を終えし子はネギを食む

葉をください

月桂樹の枝切りおりし塀越しに葉をくださいと高き声する

烏賊スミのリゾット喉にほの暗くいい人にしかなれぬよ君は

己が姓残したしという父のためわたしと息子は別姓となる

名前など記号と思えどわれの知らぬ戦前戦後を父は持ちたり

絵のようにガラス越しの海見ていたり築港と今も父の呼ぶ海

外海へ静かに出て行く曳き舟の航跡の弧は鈍く光りぬ

閉館まで一年となるミュージアムの窓に曳き舟横切りてゆく

酸素マスク

こんにちはコンビニのように迎えられ手術室へと入りゆく父

全歌集読みつつ膝の冷たくてアンダルシアの歌にて目を閉ず

食い込みし酸素マスクを弛めんと耳元に硬き結び目をほどく

危険手当の額を言いつつチューブ抜く元自衛官准看護士は

またひとつ空《から》となる子の部屋にいてコーギー飼おうと夫の言い出す

こぼれ種にそだつ青じそ採る日々の庭にバッタは太りてゆけり

屋久杉

森深く流れゆきたる水の辺に苔はひたすら石を包みぬ

姫沙羅の冷たき幹に触れしとき森の奥へとつながりゆかん

メデューサのような幹先となりてなお杉は立ちたり　樹雨落ち来る

二百年朽ちずにありし屋久杉の倒木の上に育ちゆく杉

杉伐る音、トロッコの音を聞きながら島に過ぎたる一生思えり

朱の紐

いつよりか置かれしままの糸繰り機　縁側の隅に埃積みたり

朱の紐に訶梨勒《かりろく》かたく結ばれて椥辻の家の壁に掛かりぬ

神社仏閣、神輿に使う組み紐の仕事に義父は携わっていた。

鋏研ぐ姿知らざり木箱には鈍き光のいく本かあり

ガンジーのような裸体と思いつつ義父を支えて浴室へゆく

まだだれも踏まずにありし唐楓、濡れし落ち葉の香れるを掃く

ほの赤きゆすらうめ酒を飲みしころ寂しさはまだ中空にありき

歌舞練場裏の窓には幕間の舞妓ふたりがひらひらと笑う

久米浄衣返上の墨書きのあり汚れし袍がガラス越しに見ゆ

（正倉院展）

広沢の水抜かれたる池の端にもろこと鯉は樽に売られぬ

なだらかに底を見せたる泥の上を鷺は歩めり影揺らしつつ

葡萄

十年を酸素ボンベに頼りつつ叔父の晩年八階に在りき

中庭のうすくれないのまゆみ揺れて収骨室に呼ばれるを待つ

斎場の白き光に拾いゆく人の残せる最後のかたち

わたくしにいたかもしれぬ兄のこと雨の夜の灯りのように聴く

臨月に葡萄ばかりを食みしこと葡萄食むたび言う人のいる

新しい靴の箱の中にいつの間にか蝙蝠の子がいた。

とめどなき母の話を聞く部屋に蝙蝠は子を置いてゆきたり

滑りよき引き戸を閉める音たかくこころからまたはみ出している

パピルスのタペストリーを掛けしまま父母《ちちはは》と暮らす二十年は過ぐ

いっせいにつばめら飛び立ちし日のこともいつか忘れる母もわたしも

北野坂

アイドリングストップの間のバスのなか人の気配を潜めて座せり

スキップの少女車を追い越して国道の向こう見えなくなりぬ

地震《ない》ののち北野坂へと移り来しバライカにまたピロシキを食む

北野坂ゆっくり上って式場にひと月会わぬ子と待ち合わす

反抗期などなかったような顔をして一番遠き席にいる子よ

蛍の谿

砂に手を差し入れしとき消えてゆく君が遠いと思いし日々も

大伯父の墓より見ればいつよりか風車九基が砂丘に立てり

夏至までのひかり溜めいる砂丘なり素足は砂の記憶を呼べり

下りてゆくひかりの深さに川面ありて樗谷《おうちたに》へと蛍見に行く

てのひらに色を違えてひかりいし二匹はやがて飛んでゆきたり

給食のパンにカワニナ増やしし と聞きつつ蛍の谿を出てゆく

鳥の群れ

鋭角を連ねて杉の稜線の絵本のようなり西日冬めく

鳥の群れのいくたびも空を過ぎりたり眠れる人を病室に残す

冬の雨にユリカモメ低く降りて来て街道の橋をくぐり抜けたり

卵だけが体のような鮒ずしのうすき一切れ鼻よせてみる

みずうみに近き流れの舟橋を揺れのなきまま渡り終えたり

もういいと思えるときは来ないだろう死には触れずに湯葉饂飩食む

きのうまで義父の寝ていし病室のベッドの跡が白く残りぬ

火葬場と言わぬ京都の斎場に「お山へ行く」と案内されおり

鎖骨ですと言われて拾う箸の先その肩に三日前に触れいき

こきざみにいく本もの腕動きいるアトリエの照らす道を帰りぬ

月光のかけらのように落ちてくる花びらの向こう行ってはならぬ

院内チャペル

泰山木のつぼみ二つが残りいる水無月の夜の駅に降り立つ

大阪　聖バルナバ病院

大東亜病院と呼ばれしころの写真院内チャペルに掛けられてあり

午前八時、院内にカート行き交いて掃除夫と医師が挨拶をせり

看護師に夜勤明けかと問われたる医師は小さきゴミ提げており

耳・口・爪　似ている人を言われつつ産まれて二日の子の眠りおり

いにしえは砂嘴にありしか餌差《えさし》という名を思いつつ上りゆきたり

自販機の前に酒飲む老い人の買い物袋に青菜出ている

山の地図

プレートよりはみ出したナン千切りつつ金ないねんと次男が言えり

山の地図三枚拡げてアルプスの縦走を子は祖父に話しぬ

子の帰りしのちに凭れる椅子の背に温もりはまだ残りていたり

松明の白装束は駆け上がり灯してゆけり舟の輪郭
（大文字送り火）

狩野派と土佐派の雲の輪郭の違い読みつつ朦朧とせり

クスノキが影を作れる図書館の窓辺に少女のひたむきはあり

秋の風まとい始めし図書館の児童書コーナー広く見えたり

原発を責める連作二作ありそれのみ読みて書棚に戻す

子の居らぬ家にカレーは三日あり目玉焼きなど載せて食みたり

身体ごと影になりゆく晩秋の水面につわぶきばかり明るむ

柿の木の傍えに高く吊るされて御神燈のみに秋祭り過ぐ

追憶のようにひかりし黄葉の木立は枝より暮れてゆきたり

霧

海豹の仔を抱く夢を見し朝の霧に消えおり家のめぐりは

アンペイドワークばかりの１００００日そら豆のスープきょうは作りぬ

跳ね上がる泥土のように思いたり主婦にしてはと言われるたびに

錯覚のままに過ごしし二年ほどをいきいきとしていたと言われき

冬の雨のようにシベリウス聞きながら言い募りたる人を忘れる

須賀敦子の書きしイタリア霧のようにときおり我を通り過ぎたり

銅版画のような木立なり山の端に冬の夕陽がときおり光る

稲荷山門

空までの距離引き寄せているように冬枝を拡げけやき立ちたり

賞味期限三年過ぎたる登山食　子の下宿よりどかんと届く

幾冊かの『量子力学』に挟まれて岡田有希子のスクラップはあり

アイゼンの袋の土色そのままに新任地への荷の中に見ゆ

駅前に巨大タービン置かれあり工業都市の結界に入る

窓のない工場の群れを歩みつつ砲兵工廠話し出す父

稲荷山門を過ぎりてゆるやかな坂の上には若草寮立つ

斉昭を烈公と呼ぶ水戸の地に尊攘の意義を長く聞きたり

田《た》鶴《づ》鳴《なき》を過ぎて猩々、窈窕と梅の林を巡りてゆけり

蕗の葉を煮つめる香の中にいて遠く暮らせる人を呼び出す

菜保子

背を越えて宵待草の咲いている廃業スーパー前のひび割れ

カーテンを開きつつ吹く西風に鉦の音聞こゆ地蔵盆らし

猫川柳の本を選びて会いにゆく菜保子の笑顔もう一度見たくて

カレンダー小さく見える君の部屋　子らとの日々を聞いておりたり

また雪ですと書かれしメールが最後なり今年の桜を知らずに君は

葉擦れ

暮れながらむらさきの空ひろがりて夏至も過ぎたり祈るほかなく

無理をしているのかと思う明るさに白く透けおり裕子さんの肌

ボッティチェリの淡き絵の中聖母子を区切るがごとく黒き布垂る

遠近法の中心となる点はありイエスの髪の耳のあたりに

冥界にそのまま入ってゆくような竹やぶの葉擦れ一夜とだえず

長等山に呑まれるようなこの家に右手失くしし節子は描けり

左手に子を抱く訶梨帝母倚像《かりていもいぞう》をいくたび見しか三橋節子は

子を残し逝きたる人を思いおり夜の山に遠く白き灯揺れる

真夏の駅前

風向きにときおり大きくなる蟬の声に迷いは搔き消されたり

「どの型も血液足りません」と言う声の響きぬ真夏の駅前

錆さえも住居表示に描かれて高層ビルの地下レトロ街

６００キロ乗り継いでゆく子の家へ、転勤族にあらば詮無し

眠るたびに記憶は更新されるらしあなたは誰という目向けらる

断乳のまだ終わらぬ子と過ごす夜を抱きしめてなお寂しき身体

しっかりせい

二〇〇九年　歌会の司会をした。

歌会の朝に届きし詠草に「出られる限りは」の前書きはあり

そこにとどまれ全身が癌ではないのだ夏陽背にせし影おきあがる　河野裕子『葦舟』

「全身が癌ではないのだ」の歌一首ファックスに受けし九月のありき

詠草を二度読み違えれば「しっかりせい」病みたる人は小声に言いき

わかるふりをせぬ人なりきキンポウゲのような眼をして首傾げたり

深く深く穴掘るように「ああしんど」読み解きながらいく度か言いき

「ん」の文字の払いすこやかなればなおファックスの歌繰り返し読む

二〇一〇年八月　塔全国大会松山

面影のある小学二年のおみな子を膝に抱きて寂しき眼をせり

もう一度子供を育ててみたき夏　モビールの金魚ゆったりと回る

器

窓の向こう藪の迫りてときおりに風とは違う枝の揺れあり

オペ室に流すショパンを選びしに五分も聴かぬうちに眠れり

手をのべてあなたとあなたに触れたきに息が足りないこの世の息が

河野裕子『蟬声』

醒めきらぬ麻酔の中にいくたびか「息が足りない」の歌浮かび来る

名を呼ばれ目を開かんと目蓋に意識をぐいぐい送りこみたり

切腹は横傷なのだと思いたり縦傷のわが手術痕見つつ

身体という器に時間溜めながら満ち行くまでをひたひたと生く

吹き抜ける風を知らざり病棟のパティオに冬の木となる桜

柚子ジャム

「耐震基準見直しによる残業や」 携帯に子の秋の声聞く

ゆずひと箱訃報のように届きたる冬の夕暮れぼんやりと立つ

湯気に曇るガラス戸に浮き上がりたり小さき手形夏に付きしか

冬のひかり閉じ込めたような柚子ジャムの瓶を並べて恍惚とせり

斑入り葉蘭いつしか庭より消えておりみどりの葉蘭ににらみ鯛置く

黄身白身分けて裏ごすおおつごもり背高き人とお節作れり

「姑という字はいややねえ」遥か遠く見るようにして裕子さん言いき

半世紀家に置かるる金盥にかがみて母はしめ縄を燃やす

福島の波動

面接に平和利用を繰り返し言いたる日々がこの子にはあり

いくたびもチェルノブイリを言いしかど核エネルギーに魅せられて子は

県境の駅までを自転車漕いで着きしというガラス片避けて

辞めろとも帰れとも言えず「あのさぁ」と問う燃料棒の仕組みなど

「無理せずに」上司のメールは要するに自宅待機の解除であるらし

福島の波動をデータにしていると余震の止まぬ工場より言う

廃炉への工程もまた知るのだろう　入社して見る二年目のさくら

地震の続き

胎動が地震の続きのようですと千葉より戻りし子の妻言えり

エコーのなか四つに分かれし部屋の見えて二つの心臓動いておりぬ

〈ひこうき〉と〈とり〉を指差す手を取りて双子宿れる腹に触れさす

西の魔女

だれにでも抱かれるときは短くて代わる代わるに双子抱きあぐ

ベビーバスの狭くなりつつ子の妻と八十回の沐浴終えたり

七夕の笹の香れる部屋に眠る子の子が三人あちこちを向く

カヴァディーヌいくたびも聞きておさな子と遊びし一日の熱冷ましけり

蝉声の四方の窓から入りきて子らの帰りし朝の蝉声

これからを西の魔女として生きるべし子も子の子らも東に住めば

白川砂

黒豆が皺なく炊けたと言うときの呪術師めきてははそはの母

蕪・昆布・柚子・鷹の爪酢の中に一夜過ごしてつややかにあり

ミルク粥のひと匙の量違えつつ口に運べば交互に開く

白川砂細く敷きいし父の庭に明け方の雪はうすれつつあり

墳丘に小さき手をもて集めたる枯葉を風に放ちて追えり

双子用ベビーカーなれば迂回せり結界のごとき車止めの在り

遊び場所にありし御土居の白梅を見せくるる夫　職を退きたり

タトゥー

マリア像十字架低く道の辺に立つ村を過ぎてクラクフに入る

何故を問い続ける時間　長き髪の二トンの展示ある部屋に立つ

「死の壁」の向こうは人体実験棟　双子も対象なりきと聞かさる

ユダヤの子もドイツの子らも聞かさる「それがたまたまドイツ人だった」

遠景へと有刺鉄線続きいて収容所の上《え》の空果てしなし

この先も防腐剤の塗り替えられて収容所は残る泥濘の中に

コンビニも自販機もなきプラハの夜に塑像のように人の現る

石畳にタトゥーの店の灯火は届かず腕の数字思うも

スーパームーン

農場より低く飛び立つつばめらの黒き弧をなし橋脚に消ゆ

その硬さを懐かしむ日も来るのだろう父の自分史直さずに打つ

薬害の原告団に投げられし生卵にも触れし一節

ひとつきを咳喘息に苦しみつつ父の自分史校了となる

三号機停まりし夜を浮かびいてスーパームーンに照らさるる国

いつもより大きな月の照らし出す木香薔薇のあふれ出す道

梨園を過ぎりて至る葡萄園　農学部生世話をして来し

伐りくれし葡萄の枝を鉢に挿す　京大農場わが街より消ゆ

屏風絵

水音を包む林の暗きより蛍出て来て漂いにけり

竹叢の闇に呼ばれてゆくように蛍は川の風より離る

切り忘れし月桂樹の枝撓らせて幕のようなる雨の降りつぐ

仄暗き町家に置かるる屛風絵の琳派の前に膝を付きたり

ヒオウギの葉組されたる水盤の置かれし町家廻りてゆけり

これからも思い出すから　鉦のおと御神燈のなか君は帰り来

象

牧舎かと見紛うまでにおさな子の三人母に寄りて眠りぬ

檻の外の鳩を追いかけ歓喜せる子を抱き上げて檻の中見す

珍獣を見つけしように「あっ双子」の声いくたびか聞く象舎前

群れて描く画学生らの見せ合える画帳に象は幼くありぬ

音程のまだとれぬ声に歌いたるチューリップを子は帰る間際も

鱇割れて干からび見せるどんぐりが炬燵布団の下より出づる

書架を変えつつ

冬木立の向こうの朝焼け言う母の節高き指がレース編みゆく

母のために祖母がととのえし銘仙の色ににじみ出て水の匂えり

いくたびか書架を変えつつ残したり翻訳熟《こな》れぬ頃の全集

キューバ戦にピッチャーゲバラと聞こえきてキッチンより見るゲバラの顔を

見下ろせるミモザの花の拡がりに演習場の谷隠れたり

原理主義と武装勢力の相違点述べつつ映す砂漠果てなし

葉　柄

白梅のぽわんぽわんと開くころ癒えたる父が細き枝切る

寒肥には遅くなりしか啓蟄に骨粉撒きつつ鼻押さえたり

かつて牛の身体支えし骨ならん梅の根元に破片撒きたり

いくたびか冬に見上げし円錐の公園の樹々がひかりを放つ

水張田に揺らめくひかり区切られて影のようなる細き道あり

葉柄を切るたびに香り拡がりて庭のローリエ縁側に干す

阿武山は虻山にありしか下草を柴を取り合う村史読みつぐ

真夜中の畳に影を落とすのはカーテンの襞　月渡りゆく

日和山

夕光に平面となりし葉の列なり蓮畑と気づくとき過ぎにけり

海辺より重機の音の上り来ぬあぶらぜみ鳴く日和山まで

棒の先に６・９Ｍの文字はあり九百日後の空を見上げぬ

ただ記憶に留めんとして来しことの向日葵・ダリアに頭たれたり

白煙の脈打つように立ち上り日本製紙の「共に生きる」見ゆ

ステンドグラス

ゼトラー社のステンドグラス神戸へと来し経緯知らず我ら祈りぬ

式場のステンドグラスに魅せられて、次男も神戸で結婚式を挙げた。

使徒六名ステンドグラスに収まりて信心浅き者ら祈りぬ

アーメンを促す牧師の饒舌に子と子の妻は目を合わせたり

いまだ子の仕事に躊躇い持つことを言いてその父挨拶を終える

緑の水、緑のクレーン森のごとし白き人影ときおり消える

枯れるまで庭隅に残す青じその穂の泡立ちの美しからず

窓に寄る

闇市が向こうにあったと言いながら橋上駅の窓に寄る父

墓じまい終えて歩めり先生と母の呼ばれていし頃の町

夕暮れのオシロイバナの色水を流して道に母を待ちにき

藤棚の下に座れる父母のこの地に暮らしし日々遠くなりぬ

波型の長き手すりの先に見ゆ根本中堂へ下りてゆく母

森ふかく楓の枝を撓ませてモリアオガエルのぬめぬめと居り

いびつなる黄白色の塊をいくつも付けてかえで戦がず

トロンボーンかすか聞こえてくる窓に寄りゆく人の背影《せな》となる

拘りの強さ疎みし日々ありき松は父だとまだ気づかずに

ねっとりと黒ずむ指につまむ松葉「右を取って」と言う声は父

黄みどりのイラガの幼虫地に落ちて消毒剤にバッタをも死なす

いなくなる日を忘れそう秋晴れの庭に芽の出た球根を植える

雨もやみてアメリカフウの枝に光る夜の雫を雫が揺らす

落ち葉の色

矧面《はぎづら》の膠の跡が痛そうなり酔胡従の目閉じられて静か　（正倉院展）

木の影に落ち葉の色は濃くありて冬の木漏れ陽鹿の背に差す

きざはしに桜もみじの降る午後のひかり踏みつつ上りゆきたり

子の描きしエキスポタワーぼんやりと立ったままなり西日射し込む

葉を落としし舗道に枝の影太く園内トラム止まったままなり

祈られて全身に釘打たれたるミンキシの眼と向き合うしばらく　（国立民族博物館）

老《ろう》鴉《や》柿《かき》の蔕の尖りに夕闇の集まるごとし暮れてゆきたり

ウランガラス

シロイカの耳ひらひらと漂える生け簀の緑に水は明るし

日本海の魚だからと言う声の何に抗いているのか我は

でも海は繫がっている　また誰かの言葉そのまま言ってしまえり

青緑の深きプールは鎮もれり電力会社のアーカイブスに

YouTube にチェルノブイリの事故のあといくたびか見き内定ののちも

引き留められなかった日々のようにある剝がしそこねた布テープの跡

福島の桃あまた食みし夏ありき詫びたきような廉価のままに

原子の灯と大きく書かれしEXPO'70《エキスポ》の夜の灯のなか昂ぶりて歩みぬ

なにこれなどと言い合いて上りたる太陽の塔にオブジェ見ながら

理由《わけ》というほどにあらねど口籠ればあわれみの目を向けられにけり

アンコウの胆裏ごせば薄皮のくるりと残る　言い訳はするな

擦り減りしカッターの歯のいかほどかと思うばかりに割りゆく胡桃

電池ばかり設計したという人の手触り感を子はうらやみぬ

あいまいに厨に立ちて出汁を取る海に棲みいしものの中から

菜の花のつぼみ漬けたるガラス器にウランガラスの色を思えり

殆どないは全くないではなけれども地震の記録の少なき地とあり

Ynys Dywyll《暗い島》アングルシー島知らぬまま解析の日々続いているらし

できることは限られている梅林を歩める春をいく度も迎えて

金柑

金柑にまだ届かざる三人子《みたりご》のミトンに載せゆく小さきひかり

笊三つに採られし金柑ゆっくりと三人子の声に数えられたり

父の一生初めて聞きし子の妻のまっすぐな眼を父は喜ぶ

不機嫌な寝起きの顔も忘れたりすっかり父の顔となりし息子《こ》

泥のような不安残してゆく人を忘れるための湯を沸かしたり

柿原茶屋

歯の痛みに拝みしと聞く針地蔵ブリキの鳥居供えられてあり　（熊野古道　中辺路）

釘にかけて網の卵を茹でるなりバス出る時間を気にかけながら

ともに歩くもっとも若きが硫黄の香を言いだしてより近づく温泉

雨風に汚れし窓を覗きたれば柿原茶屋に玩具残りぬ

「いこい」の粉

脚組みてアウシュビッツの追悼を聞く人見ゆるドイツ議会に

行間に書き手の怒り溢れ出すあたりよりロジック危うくなりぬ

塗り替えの終わりて山に白々と墓碑のようなる地震観測所

丹前の袖ほどくとき零れ落つ祖父の遺しし「いこい」の粉よ

解きたる着物地にかけるアイロンのスチームにもう祖父の香あらず

疏水の桜

桜が母を歩かせてゆらゆらと背割堤の端まで来たり

ショッキングピンクのごとき中国語聞きつつ歩む桜のトンネル

大津赤十字病院　菜保子の入っていた病院で、次男の子が生まれる。

てらてらとオペ室の扉開かれて産み出すための子の妻が入る

土偶の目のごとき膨らみまだ持ちて胎脂つけたる子が眠りいる

うっすらと疏水の桜残りいて歳月は君を置いてゆきたり

大山崎山荘美術館

制圧を夕べ聞きたるパルミラのレリーフ置かる山荘美術館

新種にありしころの赤き睡蓮地下展示室に浮き上がりたり

水戸

風強き街に住みたる子の家にみどり児を抱くベランダに出て

小さき肌着干しつつ我を呼ぶ声の向こうにいつも来るという雉

高松

二輛のみの列車過ぎゆく音を聞きて九階の子の部屋に眠りぬ

盗賊の隠れし壺に注ぎたる油のくだり子の眼微動す

扇の骨辿りしような水脈引きていく艘か見ゆひかり放つ海

ひと月を父母の卓に置かれてあり行動予定表わがものなれど

掛け軸を架け替えている体力の皐月十日の母を記憶す

"Tapestry"

いつよりか影うすくなりし山ぎわの車道走りつつ聞く「September」

アカシアより始まる校歌のアカシアに気づかざるまま思春期過ぎにき

柴田翔読みつつバスを待っていた巡礼橋の低き欄干

君の死を知らないままの五年だった『人間のしるし』書架に残れり

“Tapestry” 抱えて帰りし秋の日を語り合いたる人もう居らず

デモに歩く画像載せたるFacebook 頬杖ついてスクロールせり

ひと夏を越えし青じそ堅くなりて白き小花に雨降り始む

連歌橋

ドアの窓に寄りし三人背伸びする耳成駅を過ぎてゆくとき

こもりくの初瀬の川に架かりたる連歌橋の朱うす暗くあり

人指し指わずかに長き観音の足指に触れて伏す人を見つ

いく枚もデジカメに残る登廊《のぼりろう》　遠近法の見本のごとし

月明かりの透ける薄さに切りしかど柿の奈良漬けまだ塩辛し

三方

父と夫の首締め来たるネクタイをほどきて作る座布団カバー

芯を取ればネクタイの汚れ目立ちいて夫の勤めし歳月思えり

九条の書かれし賀状が最後なりおじさんと呼べる人もう居らず

皮手袋はめて受け取る柚子の枝　ツグミの声を教えられつつ

抱いているのがひいおじいちゃんだよと告ぐる日もあらん　いく枚か写す

子らの妻を褒めて作りし御節なり十二段分画像に収む

銀杏もユリ根も苦手と言う人の茶碗蒸しにはラップをかける

昭和二十二年と書きし人を知らず三方《さんぼう》ついに割れてしまいぬ

ピエタの前に

Rosso《ロッソ》と Blu《ブリュ》　ひとつの恋を読みしのちハードカバーを重ねて置けり

夢の後のかなしみのあれば円錐のなにも纏わぬ木に寄りてゆく

踏みゆけぬ雪原の上を飛びながら『北極飛行』の歌思い出せず

自撮り棒掲げいるのは売るためなり肌黒き若者ひとところに立つ

身を傾けて上りたる聖堂より兵士の銃は見えずなりけり

流れ来し人を抱きているようなピエタの前に思う三月

コルシア書店地図にもうなし須賀敦子通いしあたりをしばらく歩む

蔓も葉もなければ棒切れのごとしどこまでも冬の葡萄畑

社屋

かしこくなるよと飲まされしリジニンの空箱展示物としてあり

資料館のきざはし下りつつ漢方の混じり合う香を深く吸い込む

板に挟み丸くしてゆく丸薬の板の内がわ円の跡ばかり

色褪せし額に文字のみ黒々と見ゆ「勅許　御振薬調合所」

十四代目田邊五兵衛と写りたる若き日の父頭《こうべ》を垂れて

社史にのみ残りし社屋にただ一度父と入りたり半ドンの午後

ガラス張りの社屋が落とす線の影　社史に残らぬ父を思いぬ

鵜　塚

暖炉に二度火を入れし冬を言いながら一人眠れる夜には触れず

公園に闇を入れたる檻ありき猿の表示のなきころの檻

「惨めなほど細長き街」に住んでいた　春樹の小説まだ知らぬころ

五十メートルに満たぬ海岸線　撒かれし貝を小さき手が拾いぬ

松林の中に立ちたる鵺塚に上らんとせし子の影見ゆる

鳥居

伏見稲荷

黒きヒジャブを纏いたる人潜りゆく千本鳥居にカメラ向けつつ

根方より朽ちたる鳥居抜く人を撮らんとすれば制止されたり

抜かれたる鳥居の跡に溜まりいし枯れ葉の中より蘖《ひこばえ》は生ゆ

神道に正典なきを言う夫と鳥居の山の頂に至る

医科大学

裕子さん座りし石段もうあらず　医科大学の木の影をゆく

いつか声も忘れるのだろう明け方の眠りに遠く蜩聞こゆ

ちゃかちゃかと腰の工具を鳴らしながらリノリウムをゆく靴音しずか

わが重みの窪み四分のちに消ゆ地下病廊の黒き長椅子

時間外出入り口より出でたればカボチャのモール燿う花壇

カテーテルアブレーションとよどみなく言えるころには夫も癒えたり

スベリヒユを舗道の湿りに抜きおれば夕べの雨と犬の匂いす

松毬を投げて松毬落とす見ゆ公園墓地の大王松に

ヒイラギの花

手のひらに幼虫を載せて見せにくる枯れ葉集むる大人のもとへ

風の通り道だからと言いし母の声思いつつ竹ぼうきに掃く

ヒイラギの花に手触れて門を出し人よ春には戻ってくるべし

混み合える車内に子の頬近づきてカサットの描きし色よみがえる

鼻と口ぺちゃりと付ければ曇る窓　特急に子はつま先立ちぬ

残像

遠藤周作『沈黙』の映画二首

隣席に「踏め」と小さき声のせり基督に足触るるまでの間

波音がエンドロールに聞こえ来て残像として浮かぶ水礫

許すこと忘るることをないまぜにしてはならぬか　カボチャ切り分く

手を振ればしずかに頭を下げられて君に過ぎたる歳月思いぬ

冬の月に一筋光る瓦塀　途切れるまでを送りてゆけり

夜の道に浮き上がりたる楓の瘤　強剪定に傷つけられて

ツルゲーネフの才能に及ばざる苦悩『かもめ』に見つ　息苦し

ネモフィラ

国営ひたち海浜公園

海のごとくネモフィラの青拡がれり射爆場なる日々ありし地に

銃弾を撃ち込まれし日々知らぬまま花愛でる人の連なりにおり

ネモフィラの青の拡がるその果てに貨物船ゆく海横たわる

ミュシャ展

冬の空の色を帯びたる絵はやはりムハと思えりミュシャではなくて

ムハ展と呼ばれたかっただろうミュシャの、祖国のために描きたる紙幣

亡骸と祈りの姿あまたあり「スラヴ叙事詩」に重ねゆく日々

戦いの絵の中に血の色はなしミュシャの思いに近づかんとす

神田　神保町

楽器店あまた並べる町の朝、予期せぬひかりをサックスが放つ

あまずっぱい日々よみがえる白水社、八木書店の看板に遇いて

文庫本の厚きを捲りてゆく人の髪ゆるるなく駅に着きたり

ウラギンシジミ

円錐の内なる枝を見せながらひかりの揺れる時は過ぎたり

核のゴミ処分適地を敵地と書くツイートのあり直されずあり

古木より剝がれるごとく飛び立ちてウラギンシジミ夕闇に消ゆ

跋

真中 朋久

西川さんとは月に一、二回、歌会でご一緒している。京都での歌会のあとは、帰る方向が同じということもあって、他の何人かの方と電車であれこれ語りあいながらということが多いが、短歌のことを除けば、だいたいお二人の息子さんたちのこと、私のほうの息子と娘のことになる。私の子どもたちは短歌の会合に連れていっていたこともあるので、折々気にかけてくださっていた。西川さんの息子さんは既に独立していた上の息子さんと、就職する頃の下の息子さんのこと。その息子さんたちのことが歌集の題材として大きな位置を占めている。

水深き川を揺れいる藻のごとしいつよりか子に触るることなし
リクルートスーツ着なれてずぶずぶとうつつに入りゆくを見ており
思春期も受験期も過ぎてリビングに軋める椅子の二つ残れり

どちらの息子さんのことか。おそらくそれぞれ、そういう時期があったのだろう。お互いの子どもの話をしながら、西川さんが息子のことを語るとき

に、私自身が息子の立場ということもあるから、なるほど母親はそんなふうに見ているものか、というふうに思ったりもする。子ども時代はとうに終わって、手が届かないところにゆく息子たち。社会に出ることを「ずぶずぶと」ととらえるのはユニークだが、否応もなく現代社会のしくみのなかに組み込まれてゆく、というよりも呑み込まれてゆくようにも感じられ、見守るほうも覚悟を強いられているというところだろう。そうやって家を出ていった息子たちの椅子が残っている。

子の帰りしのちに凭れる椅子の背に温もりはまだ残りていたり

たまに戻って来た息子が、その椅子に座る。息子がそれぞれの生活の場に帰っていったあとで、そこに座ってみる。じんわりとさびしさが滲む作品だ。

プレートよりはみ出したナン千切りつつ金ないねんと次男が言えり

山の地図三枚拡げてアルプスの縦走を子は祖父に話しぬ

インド料理を食べながらのつぶやきは、会話体がいきいきとしている。山の話をしている孫と祖父の前に大きく地図が開かれている。母親には見せない表情もそこにはあるかもしれない。

長男の二番目の子が双子で、子どもが三人になった頃に、こんな作品がある。

これからを西の魔女として生きるべし子も子の子らも東に住めば

ミュージカル作品「オズの魔法使い」にも「東の魔女」や「西の魔女」が出てくるが、梨木香歩の小説『西の魔女が死んだ』は学校になじめなくなってしまった少女が、一時期を祖母と過ごすことによって、生きる力を身につけてゆくという物語だ。魔女というのは、もとより比喩であり象徴的なことであるけれど、生きる力というものは、教科書で学ぶようなことでもないのだ。両親があれこれ言っても、うまく伝わらない。祖母から孫娘であったり、叔父から甥であったり、そういう適度な距離がある関係の中で、遊びながら、手仕事をしながらそれとなく伝えられることが多いかもしれない。はっとす

るようなことであったり、あとからじわじわと思い出すようなことであったりもする。

関東に住む「子の子ら」から見れば西に住む作者はどんな存在になるだろうか。生きる力を授ける魔女になることができるだろうか。ならなければならない。梨木香歩の物語をなぞっているとも言えるけれど、素直に喜びの感じられる作品だ。

ぽくぽくと豆を煮ており階下より香り上りて母元気なり
黒豆が皺なく炊けたと言うときの呪術師めきてははそはの母

二世帯住宅であり、一階には父母が暮らしている。この歌集は、概ね時間軸に沿って作品が並んでいて、一首めと二首めの間には年月の経過がある。登場人物はそれぞれ年齢を重ねてゆくことになる。「呪術師めきて」というのは、美味しいものが見栄えも完璧にできたときの微笑を思わせて、じつにおもしろい。自分の手でものを作ることは、そこに自分を在らしめることで

あり、その自信は生きる力につながるものだ。火と水を使って料理をするのもそのひとつ。魔法であり、呪術といえばそういうものでもあるだろう。

子らの妻を褒めて作りし御節なり十二段分画像に収む

息子がそれぞれ妻子をつれて集まってくる年末年始はそれはそれは賑やかにちがいない。写真を撮っているというのは、十二段分というのが、初めてのことか、久しくなかったことなのだろう。四世代揃って迎えられる正月というのは稀有なことでもある。

今どきなので、「呪術師」も「魔女」も、頭ごなしに「わが家のしきたり」を指示するのではなく「褒めて作りし」になる。時代は変わっても、そうやって「魔法」は伝授されてゆくのである。それぞれが少しずつ育った家の文化も持ち寄って変化してゆくこともあるだろう。

アンペイドワークばかりの10000日そら豆のスープきょうは作りぬ

跳ね上がる泥土のように思いたり主婦にしてはと言われるたびに

「10000日」というのは、四半世紀あまり。銀婚式を過ぎて数年というところか。賃金を支払われることのない家事労働は、すべてを金銭に換算してものを考える人には低くみられがちだ。尊重しているつもりの人も、どこかに「自分は稼いでいる」という意識が働いて、言葉のはしに、家事を軽んじるところが出てしまうことがある。「主婦にしては」というのも、そういうものだろう。折々感じるそういったことを、ひとこと言っておくというたたずまいの二首である。

ところで、下の息子さんの踏み込んでいったのは技術の世界。就職先の電機メーカーの創業地であり、中心的な工場があるのは、じつは私の出身地でもある。

駅前に巨大タービン置かれあり工業都市の結界に入る

窓のない工場の群れを歩みつつ砲兵工廠話し出す父

稲荷山門を過ぎりてゆるやかな坂の上には若草寮立つ

発電用タービンが置かれていて、駅前のモニュメントとしては異様でもある。大きな工場が立ちならんでいることは、戦前の大阪を知るひとにとっては砲兵工廠を思い出すことなのだろう。この街の工場は艦砲射撃と空襲でおおかた破壊されて、戦後にできた建物ではあるけれど、それもう六十年から七十年を経過してくすんだ色になっている。かつては独身寮だけでなく、長屋のような木造の社宅、四階建ての鉄筋コンクリートの社宅が立ち並んでいたものだ。最近は社宅は取り壊してマンションになったり住宅地として分譲されたりするが、独身寮はまだいくつか残っている。

工場の稲荷山門や、そこから坂をのぼってゆく道など、親しく思い出しながら読むのだが、これらの作品に誘われて思うことは、私が生まれる前のその街の歴史と、私がその街を離れて以降の変化ということである。

息子さんは就職して間もなく、東日本大震災を迎えることになる。その街もかなりの揺れであったけれど、電機メーカーは原子炉とそれに伴う発電設

備一式を扱う。福島で事故を起こした原子炉のうちのいくつかにも直接的な
かかわりをもっている。

いくたびもチェルノブイリを言いしかど核エネルギーに魅せられて子は

チェルノブイリ以降、そして日本では東海村の核燃料工場の事故なども記
憶に新しく、大学で専攻を決める頃から危ぶみながら見守っていたのだろう。

県境の駅までを自転車漕いで着きしというガラス片避けて
辞めろとも帰れとも言えず「あのさぁ」と問う燃料棒の仕組みなど
「無理せずに」上司のメールは要するに自宅待機の解除であるらし
福島の波動をデータにしていると余震の止まぬ工場より言う
いまだ子の仕事に躊躇い持つことを言いてその父挨拶を終える

震災の直後は操業停止となって、電車も動かないなか、隣県に住む兄をた

よって自転車でひたすら走ったという。

原子力についての考え方はいろいろある。原発事故後の多忙のなかで、伴侶を得る息子の結婚式に、その父もまた躊躇いを口にするのだが、息子自身の選択を尊重して見守るほかはない、という考えなのだろう。危険と、それに対処するための方法について、技術者としてやるべきことはある。ほんとうに、今の人間の技術で乗り越えてゆくことができるのかどうか、心は揺れるが、そういう「うつつ」の中で息子は生きている。闘っていると言ってもよいだろう。

電池ばかり設計したという人の手触り感を子はうらやみぬ

こんな作品もある。原子力などの巨大な技術は、一人の人間がかかわることのできる範囲は限られている。ある場合には無力感を感じることもある。材料や部品から完成品まで、手に触れることのできるような小さな技術というのは、昔ながらの手仕事に通じて、達成感もあるのではないか。そんなふ

うにも感じるわけだ。

朱の紐に訶梨勒《かりろく》かたく結ばれて椥辻の家の壁に掛かりぬ
鋏研ぐ姿知らざり木箱には鈍き光のいく本かあり
十四代目田邊五兵衛と写りたる若き日の父頭《こうべ》を垂れて
ガラス張りの社屋が落とす線の影　社史に残らぬ父を思いぬ
その硬さを懐かしむ日も来るのだろう父の自分史直さずに打つ
薬害の原告団に投げられし生卵にも触れし一節

息子にとっての祖父たちである。義父は組み紐の職人。作者の父は製薬会社に勤めていた人であるらしい。組み紐などは、これはもう「手触り感」そのものであっただろう。近世以来の製薬会社にも、手仕事時代の名残が残っているが、「自分史」のなかには、薬害のことにもふれた一節があるという。会社勤めの中で、自身の責任の有無にかかわらず巻き込まれ、（会社の中にもいろいろな考え方があるから、場合によっては会社とも）闘わなければならな

いというのは、原子力にかかわる電機メーカーの技術者にも通じることかもしれない。

己が姓残したしという父のためわたしと息子は別姓となる
絵のようにガラス越しの海見ていたり築港と今も父の呼ぶ海

それほど複雑な事情があるわけではない。娘がそれぞれ、あるいは一人娘が結婚して夫の姓を名乗るようになって「家が途絶える」という場合がある。昔の感覚だといえばそれまでのことだが、寂しいことであるのだろう。息子が結婚して新しい戸籍をつくるときに、祖父の姓を名乗ることにしたわけだ。息子の側が祖父の思いを受け止めたということでもある。大阪の港区には、いまも「築港」の地名が残るが、美術館や大観覧車のあるエリアは、だいたい天保山と呼ばれているだろうか。表題作は、かつてのサントリーミュージアム。今は運営がかわって「大阪文化館・天保山」になっている。「ガラス越しの海」は、とくに夕暮れの景色が味わい深い。

こうやって、歌集のなかの作品をたどってゆくと、家族それぞれの存在が、作者にとって大切なものであることがよくわかる。家族の歌集とも言えるだろうか。引用は略すが歴史上の事件や社会の問題も、身の回りの人の存在を意識することによって深く受け止められているのである。

円錐の内なる枝を見せながらひかりの揺れる時は過ぎたり

繊細な構図である。ある一瞬は過ぎてゆくけれど、また別の一瞬が無限に続いてゆく。

そこには作者の時間があり、作者周辺の人の時間がある。読者もまた、作品を読むことによって他者の時間につながることができる。一首一首を味わいながら読むことは、読者自身の世界を広げることになる。

ぜひ多くのひとに、この歌集を味わっていただきたいと思う。

あとがき

外を歩いていて、季節の移ろいに目を向けるようになったのはいつの頃だったでしょう。折々に出会う光景の中で感じた一瞬を留められたら…ぼんやり思いながら、短歌と出合うまで長い歳月が過ぎていました。

二十年ほど前、学生時代の友人が短歌を詠んでいることを知って、ぽつりぽつりと歌を作りはじめました。

俺が俺であることが今の憂鬱と茶かけ飯食ひて息子出でゆく

革ジャンパーの裡《うち》に鋼《はがね》のごとくあり十八歳とふはまづ母を拒みて

さびしいよ息子が大人になることも　こんな青空の日にきつと出て行く

河野裕子『体力』

河野裕子さんの歌と出合って、心の中に澱のようにあったものが動き出しました。歌の中の息子はわが息子と重なり、家族の歌を残したいと思うようになりました。それから少し経った二〇〇三年、「塔」に入会しました。

二〇〇九年、乳がんの再発で、心身ともに大変な時期におられた裕子さんが、毎月のように京都の歌会に参加され、間近で批評を聞く機会に恵まれました。歌に対する情熱を肌で感じることのできたあの日々は、何物にも替えがたい時間となりました。

二〇〇三年から二〇一七年までに詠んだ歌の中から三百八十五首を選び、

絵のようにガラス越しの海見ていたり築港と今も父の呼ぶ海

からタイトルを採り『ガラス越しの海』として第一歌集を編みました。

この間、息子たちは学生から社会人となり、関東で暮らすようになりました。それから間もなく、東日本大震災、原発事故が起こりました。心配していたことが現実となり、その事態とどのように向き合えばよいのか、何もできないまま、悶々と過ごす日々が続きました。

心の中がざわざわしている時、歌を作ることで心が整ってゆく、という趣旨のことを裕子さんはよく話されていました。少し長くなりますが、『続河野裕子歌集　現代短歌文庫70』砂子屋書房刊「歌論・エッセイ」「歌をつくり、こころを治す——追われて生きる人へ」の中から引用します。

> 歌をつくるために、ことばを書きつけることは考えることであり、考えながらことばを選んでゆくことは、感受性や認識、美意識の領域を拡《ひろ》げ、ステージアップしてそれまで知らなかった場所にわたしを運んでくれる。そうしてできた歌に自分で自分がびっくりすることがしばしばある。けれど、それはモトからわたしが持っていたものなのではなく、作歌のプロセ

スによって結果として齎《もたら》されたものなのであった。歌をつくらなかったならそういう表現領域のことは知らずにわたしの半生は終わっていただろう。

このような作歌のプロセスが自分を問いなおすことであり、やり場のない不安を定位することであり、自分を慰めることとなのだろう。

（中略）ひとつの表現手段を持っているということは、何にも替え難く強いものだと思う。（中略）歌をつくることが自分で自分を治していくことであると気づくまでこんなに長い時間がかかったということ。それはほんとに何でもない小さなことだが、この何でもない小さなことがわかるには、時間が、長い時間が必要だった。

（「西日本新聞」二〇〇六年十二月三日）

「そうしてできた歌に自分で自分がびっくりすることがしばしばある。」という域には届きそうにありませんが、「自分で自分を治す」ことのできる短歌に出合えたことはとても幸せでした。

この歌集の上梓にあたりまして、ご多忙の中ご助言いただき、解説をお書

きくださいました真中朋久様に心より感謝申し上げます。また、批評の場でいつも刺激を下さる多くの歌友の皆さまに御礼申し上げます。
出版に際しお世話になりました、青磁社の永田淳様、装幀の上野かおる様にも厚くお礼申し上げます。

二〇一八年　立春

西川　啓子

著者略歴

西川 啓子（にしかわ　けいこ）

1956年9月2日生
2003年「塔」入会

塔21世紀叢書第321篇

歌集 ガラス越しの海

初版発行日　二〇一八年五月二日
著　者　西川啓子
　　　　高槻市南平台四―一一―一二（〒五六九―一〇四二）
定　価　二五〇〇円
発行者　永田　淳
発行所　青磁社
　　　　京都市北区上賀茂豊田町四〇―一（〒六〇三―八〇四五）
　　　　電話　〇七五―七〇五―二八三八
　　　　振替　〇〇九四〇―二―一二四二二四
　　　　http://www3.osk.3web.ne.jp/~seijisya/
装　幀　上野かおる
印刷・製本　創栄図書印刷
©Keiko Nishikawa 2018 Printed in Japan
ISBN978-4-86198-395-5 C0092 ¥2500E

増補新版

いま生きているという冒険　石川直樹

よりみちパン!セ

JN138639